RHYWUN YN Y TŶ?

Cyhoeddwyd yng Nghymru yn 2024 gan Sebra,
un o frandiau Atebol, Adeiladau'r Fagwyr,
Llanfihangel Genau'r Glyn, Aberystwyth, Ceredigion SA24 5AQ
sebra.cymru

ISBN 978-1-801064-26-2

Hawlfraint y cyhoeddiad © Sebra 2024
Hawlfraint y testun © Pegi Talfryn 2024
Hawlfraint yr arlunwaith © Lily Mŷrennyn 2024

Dyluniwyd gan Almon
Golygwyd gan Adran Olygyddol Cyngor Llyfrau Cymru
Cyhoeddwyd gyda chymorth ariannol Cyngor Llyfrau Cymru

Cedwir pob hawl.
Ni chaniateir atgynhyrchu unrhyw ran o'r cyhoeddiad hwn
na'i drosglwyddo mewn unrhyw ffurf neu drwy unrhyw fodd,
electronig neu fecanyddol, gan gynnwys llungopïo, recordio
neu drwy gyfrwng unrhyw system storio ac adfer,
heb ganiatâd ysgrifenedig y cyhoeddwr.

Argraffwyd yng Nghymru.

RHYWUN YN Y TŶ?

PEGI TALFRYN
lluniau gan LILY MYRENNYN

sebra

1

Mae gen i dipyn o dŷ bach twt,
   o dŷ bach twt, o dŷ bach twt.
Mae gen i dipyn o dŷ bach twt –
   a'r gwynt i'r drws bob bore.

"Dw i eisiau byw yma."
   Dw i'n caru'r tŷ yn syth.
   Hen dŷ. Mae e fel **bwthyn**, ond yn eitha mawr. Mae plac **uwchben** y drws. Mae'r plac yn dweud:

bwthyn – *cottage*

uwchben – *above*

Mae'r ardd yn llawn o flodau'r gwanwyn.

"Dwyt ti ddim wedi gweld y **tu mewn**," mae Gwynfor yn ateb.

Manon Hughes dw i. Dw i'n dod o Dregaron yn wreiddiol. Athrawes dw i, yn **Ysgol Fabanod** Caernunlle.

Fy mrawd i ydy Gwynfor. **Adeiladwr** ydy e. Mae e'n helpu fi i ffeindio tŷ. Dw i'n byw mewn fflat yng Nghaernunlle ers pum mlynedd, a nawr dw i'n barod i brynu tŷ. Mae'r tŷ yma mewn pentref o'r enw Llandonwyr.

'Dyn ni'n cerdded i mewn gyda Dafydd. Mae Dafydd yn gwerthu'r tŷ. Mae e'n byw ym **Manceinion**. Meddyg ydy e. Roedd modryb Dafydd, Anti Beca, yn byw yma. Mae Dafydd eisiau gwerthu'r tŷ i rywun **lleol**. Dyna pam dw i'n gallu **fforddio**'r tŷ.

Mae'n dŷ hen ffasiwn gyda llawer o **drawstiau**. Mae **dodrefn** Anti Beca yn y tŷ.

---

tu mewn – *inside*

Ysgol Fabanod – *Infant School*

adeiladwr – *builder*

Manceinion – *Manchester*

lleol – *local*

fforddio – *to afford*

trawstiau – *beams*

dodrefn – *furniture*

"Dw i ddim wedi clirio eto," mae Dafydd yn **esbonio**. "Mae e'n edrych yn fwy **cartrefol** gyda dodrefn."

Mae cegin fawr hen ffasiwn yn y tŷ, ac mae pantri i gadw bwyd. Mae dwy ystafell **lan llofft**. Dw i'n gallu cadw un ystafell fel stydi.

Ond y peth pwysig i mi ydy'r **lle tân**. Lle tân mawr, hen ffasiwn gyda digon o le i eistedd o gwmpas.

Lle tân mawr, cynnes.

---

esbonio – *to explain*

cartrefol – *homely*

lan llofft – *upstairs*

lle tân – *fireplace*

"Mae eisiau tipyn o waith, os wyt ti eisiau rhoi **gwres canolog** i mewn," mae Gwynfor yn dweud.

"Dw i'n nabod adeiladwr," dw i'n ateb.

"Wyt ti'n siŵr rwyt ti eisiau'r tŷ?"

"Ydw. Mae e'n berffaith, ac mae digon o le i Cadno chwarae yn yr ardd." Cadno ydy'r ci. Mwngrel o gi ydy e – hanner corgi a hanner rhywbeth arall.

"Dw i eisiau'r tŷ," dw i'n dweud wrth Dafydd.

Yn sydyn, dw i'n clywed plentyn yn chwerthin.

"Oes plant yn byw yn agos?" dw i'n gofyn.

"Dw i ddim yn meddwl, ond wrth gwrs dw i ddim yn byw yma."

Mae gen i un cwestiwn arall, "Pwy ydy'r EW ar y plac yna uwchben y drws?"

"Elwyn Williams. Fy **hen, hen, hen dad-cu** i. Adeiladwr lleol."

"Dych chi'n drist i werthu tŷ'r teulu?"

"Tipyn bach, ond does neb yn y teulu eisiau'r tŷ. Dw i'n hapus i weld rhywun lleol yn prynu'r tŷ."

* * *

Mae'r gwaith papur a banc yn cymryd amser, ond dw i'n cael y tŷ ym mis Gorffennaf. Mae dodrefn Anti Beca wedi mynd, ac mae Gwynfor a fi yn dechrau gweithio ar y tŷ.

Mae Gwynfor yn gwneud y gwaith adeiladu, a rhoi'r

---

gwres canolog – *central heating*

yn sydyn – *quickly, suddenly*

hen, hen, hen dad-cu – *great, great, great grandfather*

gwres canolog i mewn. Mae ffrindiau Gwynfor yn helpu. Mae Phyl y **plymwr** yn gorffen y gwaith ar y gwres canolog ac yn **newid y pibau dŵr**. Mae Cledwyn, y **trydanwr**, yn newid y **gwifrau** trydan. Unwaith mae pawb yn gadael mae Gwynfor yn plastro'r waliau. Dw i ddim eisiau newid gormod achos dw i eisiau cadw **cymeriad** y tŷ. Dw i'n cadw pob drws.

Wrth gwrs, dydy Gwynfor ddim yn gallu gweithio yn y tŷ drwy'r haf. Dw i'n gweithio hefyd. Dw i'n papuro. Dw i'n peintio. Dw i'n gweithio yn yr ardd. Mae Cadno yn chwarae yn yr ardd ac yn rhedeg yn hapus yn y tŷ.

Dw i ddim yn gwybod pam, ond dw i'n hapus iawn yn y tŷ. Dyma fy nghartref i.

---

plymwr – *plumber*

newid y pibau dŵr – *to change the water pipes*

trydanwr – *electrician*

gwifrau – *wires*

cymeriad – *character*

Weithiau, dw i'n ffeindio hen, hen bethau. Fel **rhaw** gyda EW ar y **ddolen**. Weithiau dw i'n gweld EW ar ffrâm drws yn y tŷ, neu ar ddrws y sied. Weithiau dw i'n gweld AW neu MW ar hen degan wedi torri yn yr ardd. Plant Elwyn efallai? Dw i'n rhoi'r teganau yn y sied.

Ar **ddiwedd** Awst mae'r tŷ yn barod. Dw i'n symud y dodrefn i mewn o'r fflat, a dw i'n cael fy noson gynta i yn Nythfa. Mae Gwynfor yn dod i ddathlu. Dw i wedi blino gormod i wneud bwyd. Dw i'n prynu tecawê yng Nghaernunlle ac yn bwyta yn y gegin. Mae Cadno yn edrych yn drist. Mae e eisiau bwyd o'r bwrdd.

Mae hi'n braf iawn mynd i'r gwely ar y noson gynta.

Ond, dw i ddim yn gallu cau drws yr ystafell wely yn iawn achos mae'r drws yn hen iawn. Hen ddrws du gyda bollt ydy e, ond dydy'r bollt ddim yn gweithio. Dw i'n rhoi sliper o flaen y drws i gau'r drws. Dw i ddim yn **ofnus**, ond dw i'n hoffi cau'r drws pan dw i'n cysgu.

Mae Cadno yn cysgu ar y gwely gyda fi. Dw i **wedi blino'n lân**. Dw i'n barod i gysgu. Ond unwaith dw i'n cau fy llygaid i, dw i'n clywed **sŵn**. Dw i'n deffro ac yn gofyn i Cadno:

---

rhaw – *shovel, spade*

dolen – *handle*

diwedd – *end;* **ar ddiwedd Awst** – *at the end of August*

ofnus – *frightened*

wedi blino'n lân – *extremely tired*

sŵn – *noise*

"Beth ydy **hwnna**?"

Hen dŷ ydy hwn. Mae'n gwneud sŵn, dw i'n meddwl. 'Setlo' ydy'r gair, dw i'n meddwl. Mae Cadno yn ddigon hapus. Mae popeth yn iawn.

Does neb yno.

Dw i'n cau fy llygaid i ac yn mynd i gysgu.

---

hwnna – *that*

2

Mi af i'r ysgol fory
Â'm llyfr yn fy llaw
heibio'r eglwys newydd
a'r cloc yn taro naw

Dw i bob tro yn edrych ymlaen at y tymor newydd yn yr ysgol. Mae hi'n **flinedig**, ond mae hi'n newydd bob blwyddyn. Dw i'n dysgu yn Ysgol Fabanod Caernunlle. Dw i'n mwynhau dysgu plant bach. Dw i'n dysgu plant chwech oed.

Dw i'n mynd i'r ysgol dau ddiwrnod cyn dechrau'r tymor ac yn dechrau paratoi. Mae cyfarfodydd staff, a dw i'n mynd i fy ystafell i ac yn ysgrifennu enwau'r plant yn eu llyfrau nhw, uwchben y **bachau** cotiau ac **ar flaen** y droriau. Dw i'n rhoi posteri ar y waliau a **CROESO** mawr ar y drws.

Ar ôl gorffen y gwaith mae Elin, pennaeth yr ysgol, yn gofyn os dw i'n gallu codi llyfrau i lyfrgell yr ysgol o'r siop Gymraeg ar fy ffordd adre. Dim problem.

Dw i'n parcio o flaen y siop.

"Helô, Manon."

"Heia Glesni. Oes bocs yma i'r ysgol?"

"Oes. Wyt ti eisiau help i gario'r bocs i'r car?"

"Na, mae'n iawn. Diolch."

Unwaith dw i'n cyrraedd adre dw i'n cario'r bocs i mewn i'r tŷ. Dw i bob tro yn mwynhau edrych ar y llyfrau newydd. Mae'n helpu os dw i'n gwybod beth

---

blinedig – *tiring (also, tired)*

bachau – *hooks*

ar flaen – *at/on the front of*

ydy'r stori cyn i'r plant eu darllen nhw. Dw i'n cario'r bocs i'r stydi ac yn tynnu'r llyfrau allan. Yna dw i'n mynd i lawr i'r gegin.

Dw i'n paratoi cawl cartref i de. Dw i'n gwneud digon o gawl i mi gael bwyta bob nos yr wythnos yma. Dw i'n defnyddio llysiau o'r ardd.

Dw i'n yfed **gwydraid** bach o win coch gyda'r cawl.

Ar ôl golchi'r llestri dw i'n eistedd ar y soffa yn gwylio'r teledu. Mae Cadno yn eistedd ar y soffa hefyd. Yna dw i'n mynd i'r gwely o gwmpas deg o'r gloch.

Wrth gwrs, dw i ddim yn gallu cysgu. Dw i'n **nerfus** am ddechrau'r tymor yfory. Ydw i wedi cofio popeth? Weithiau dw i'n gallu ymlacio gyda gwin, ond heno dw i ddim yn gallu cysgu *achos* y gwin. Dw i wedi blino. Dw i eisiau cysgu. Ond dw i ddim yn gallu.

Ac mae'r tŷ yn gwneud sŵn eto. Ond dw i ddim yn siŵr beth ydy'r sŵn. Dw i'n clywed sŵn ar y **grisiau**. Sŵn person yn cerdded i fyny. Sŵn person yn cerdded i lawr y coridor.

Mae Cadno'n cysgu'n sownd. Dydy e ddim yn poeni. Ond dw i'n poeni. Beth ydy'r sŵn?

O'r diwedd mae'r sŵn yn stopio. Dw i'n cau fy llygaid i. Dw i'n mynd i gysgu.

* * *

---

gwydraid – *a glassful*

nerfus – *nervous*

grisiau – *stairs*

o'r diwedd – *at last*

Dw i'n cael **trafferth** deffro yn y bore. A dw i eisiau cyrraedd yr ysgol yn gynnar. Dw i'n bwyta tost yn sydyn, ac yn yfed coffi du a sudd oren.

Mae drws bach i Cadno ar ddrws y gegin, ac mae e'n gallu mynd i mewn ac allan i'r ardd fel mae e eisiau.

Dw i'n mynd i'r car, ac yn sydyn dw i'n cofio: y llyfrau!

Dw i'n rhedeg i fyny'r grisiau i'r stydi. Dw i'n agor y drws.

Mae'r llyfrau ar agor. Maen nhw **dros y lle i gyd**. **Pwy sy' wedi** darllen y llyfrau?

Does gen i ddim amser i feddwl. Does gen i ddim amser i boeni. Dw i'n hwyr i'r ysgol. Dw i'n rhoi'r llyfrau yn y bocs, rhoi'r bocs yn y car, ac yn gyrru i'r ysgol.

trafferth – *trouble*

dros y lle i gyd – *all over the place*

pwy sy' wedi? – *who has?*

3

Lleucu Llwyd, rwyt ti'n hardd,
Lleucu Llwyd rwyt ti'n werth y byd i mi.
Lleucu Llwyd, rwyt ti'n angel,
Lleucu Llwyd rwy'n dy garu di di di.

Mae'r diwrnod cyntaf yn yr ysgol bob tro yn flinedig. Mae hi'n anodd cofio enwau'r plant i gyd. Dydy'r plant ddim wedi eistedd trwy'r haf. Ond yn araf dw i'n dod i nabod y plant a dechrau **ffurfio** dosbarth.

Dw i'n chwarae gemau iaith yn fy mhen i, i gofio enwau'r plant. Mae gwallt *mel*yn gyda *Mel*anie. Dw i'n meddwl am Tomos y Tractor pan dw i'n gweld Tomos. Mae wyneb Eirwen yn **welw**, felly dw i'n meddwl am eira gwyn. Ac mae un ferch o'r enw Lleucu, felly mae'r gân 'Lleucu Llwyd' yn mynd drwy fy mhen i.

Mae gwallt du hir mewn **plethi** gyda Lleucu. Mae hi'n

hardd – *beautiful*

ffurfio – *to form*

gwelw – *pale*

plethi – *plaits*

gwneud llawer o sŵn ac yn chwarae'n **wyllt**. Dw i ddim yn siŵr os ydy Lleucu yn mynd i fod yn drafferth, ond ar ddiwedd y dydd mae hi'n dweud "dw i'n hoffi ti, Miss," a dw i'n gwybod 'dyn ni'n mynd i fod yn ffrindiau.

Mae Elin yn dod i mewn i'r dosbarth ar ôl i'r plant fynd adre.

"Sut wyt ti ar ddiwedd y diwrnod cynta?"

"Wedi blino, ond maen nhw'n grŵp bach neis. Dw i'n mynd i fwynhau."

"Ydy'r llyfrau o'r siop lyfrau gyda ti?"

"O, mae'n ddrwg gen i. Maen nhw yn y car."

Yn sydyn dw i'n cofio eto am y llyfrau yn fy stydi i. Ond

gwyllt – *wild*

dw i ddim yn dweud dim. Beth ydy'r **pwynt**? Does neb yn mynd i gredu fy stori i.

Dw i'n cario'r llyfrau i mewn i'r ysgol, **marcio** gwaith y plant, ac yn mynd adre.

* * *

Dw i tipyn bach yn ofnus o fynd i mewn i'r tŷ pan dw i'n meddwl am y llyfrau.

Dydy Cadno ddim yn dod pan dw i'n mynd i mewn i'r tŷ. Fel arfer mae e eisiau dweud helô yn syth.

Dw i'n clywed sŵn Cadno yn chwarae gyda phêl.

Dw i'n galw, "Cadno, ble rwyt ti?"

Mae'r sŵn chwarae yn stopio. Pan dw i'n agor drws y gegin mae Cadno yn rhedeg i ddweud helô. Dw i'n **rhoi anwes** i Cadno.

"Bachgen da. Wyt ti eisiau mynd am dro?"

Dw i'n rhoi **tennyn** ar Cadno a 'dyn ni'n cerdded drwy'r pentref. Mae popeth yn y pentref: siop, ysgol, swyddfa bost a thafarn. Mae eglwys yma hefyd, ond dw i ddim yn berson eglwys.

Mae Cadno yn gweld labrador brown yn mynd am dro gyda menyw ifanc. Mae e'n mynd i ddweud helô. Mae hi'n ifanc ac mae gwallt brown gyda hi.

"Helô. Wyt ti'n byw yn Nythfa?"

---

pwynt – *point*

marcio – *to mark*

rhoi anwes – *to pet, to stroke*

tennyn – *lead*

"Ydw."

"Croeso i'r pentref. Gwen Davies dw i. Dw i'n byw yn Tŷ'r **Efail**. A dyma Pero."

Mae Cadno a Pero'n ffrindiau yn syth.

"Manon Hughes dw i. Dw i'n dysgu yng Nghaernunlle."

'Dyn ni'n mynd â'r cŵn i gerdded o gwmpas y **cylch cerrig**. Mae Gwen yn esbonio enw'r pentref, "Enw'r pentref oedd Llan y Dawnswyr, ond mae wedi troi yn Llandonwyr."

"Pwy ydy'r **dawnswyr**?"

"Y cylch cerrig yma. Hen, hen gylch cerrig. Yn y stori aeth grŵp o bobl i ddawnsio yn lle mynd i'r eglwys, a Duw yn troi'r dawnswyr yn gerrig. Ond mae'r cylch yn fwy hen na **Christnogaeth**."

"Ydy pobl yn credu'r stori?"

"Mae pethau rhyfedd yn digwydd yma."

'Dyn ni'n dawel am dipyn bach ac mae'r cŵn yn dechrau blino.

"Wyt ti eisiau dod draw am baned?"

"Diolch, ond dw i angen paratoi at yr ysgol yfory."

"Wel, **dere draw** eto. Mae gen i lawer o bethau am hanes y pentre. Dw i'n mynd i weld os oes rhywbeth am hanes Nythfa gen i."

"Diolch. Efallai dros y penwythnos?"

---

yr Efail – *the Smithy*

cylch cerrig – *stone circle*

dawnswyr – *dancers*

Cristnogaeth – *Christianity*

dere draw – *come over (singular)*

"Croeso mawr **unrhyw bryd**."

Dw i'n mynd yn ôl i'r tŷ. Mae Cadno'n hapus. Dw i'n bwyta cawl a brechdan i de, ac yn paratoi at y dysgu yfory. Dw i'n gweithio yn y gegin gyda Cadno yn gwmni i mi. Dw i ddim yn siŵr os dw i eisiau defnyddio'r stydi.

Mae Cadno yn chwarae gyda'r bêl. Dydw i ddim yn **sylwi** ar y dechrau, ond dw i'n siŵr ... na ... dydy hi ddim yn bosib ... ond weithiau mae'n edrych fel ... mae rhywun yn **rholio**'r bêl at Cadno!

unrhyw bryd – *any time*

sylwi – *to notice*

rholio – *to roll*

Dw i'n teimlo'n oer. Dw i'n teimlo'n **ansicr**. Dw i'n cadw fy llygaid i ar y gwaith. Dw i'n rhy ofnus i edrych. Dw i ddim eisiau edrych. Ond mae Cadno'n hapus. Os ydy Cadno yn hapus, dydy'r peth – yr ysbryd? – ddim yn ddrwg.

Dw i'n troi pob golau ymlaen ar y ffordd i'r gwely.

Wrth gwrs, mae Cadno yn cysgu gyda fi heno. Dw i angen cwmni.

Yn y nos dw i'n **breuddwydio** am ... ferch. Mae hi'n edrych fel Lleucu, gyda gwallt du hir. Mae hi'n chwarae yn yr ardd gyda Cadno ac yn dawnsio. Maen nhw'n edrych yn hapus.

ansicr – *unsure*

breuddwydio – *to dream*

4

Pwy sy'n dŵad dros y bryn
yn ddistaw, ddistaw bach?

Dw i'n mynd i gael paned gyda Gwen, ond dydy hi ddim wedi **dod o hyd i** hanes Elwyn Williams a Nythfa.

"Dw i'n mynd i chwilio yng **nghofrestri'r plwyf**," mae hi'n dweud.

"Does dim angen i ti fynd i drafferth."

"Dydy hi ddim yn drafferth o gwbl. Dw i'n mwynhau. Dw i eisiau gwybod."

Mae mis Medi yn mynd yn gyflym bob blwyddyn. Weithiau dw i'n clywed sŵn yn y nos, ond dw i'n clywed Cadno yn **chwyrnu** ar y gwely, a dw i'n hapus.

Mae llawer o afalau ar y goeden afalau a dw i'n gwneud saws afalau, sychu afalau a gwneud siytni at y Nadolig.

---

dod o hyd i – *to find*

cofrestri'r plwyf – *the parish records*

chwyrnu – *to snore*

"Dw i angen glanhau'r **simdde**," dw i'n cofio un diwrnod. "Dw i eisiau tân mawr yn y tŷ."

Dw i'n ffonio Gwynfor. Mae e'n nabod person sy'n glanhau simdde. Rhys Simdde maen nhw'n galw'r dyn.

"Dw i'n mynd i weld Rhys Simdde'r wythnos nesa. **Gwna i** ofyn i Rhys wythnos nesa." mae Gwynfor yn dweud.

Wrth gwrs, mae Rhys yn brysur a rhaid i mi aros am fis cyn glanhau'r simdde.

* * *

'Dyn ni'n paratoi ar gyfer y **Gwasanaeth Diolchgarwch** yn yr ysgol. Dw i'n canu'r piano tipyn bach, felly dw i'n dewis y caneuon. Dw i ddim yn canu'r piano'n dda iawn, felly dw i'n gorfod dewis caneuon **syml**. Dw i'n dod o hyd i ganeuon am anifeiliaid bach yn mynd i gysgu yn y gaeaf.

Mae hi'n ddydd Sadwrn, a dw i'n ymarfer y caneuon ar fy **allweddell** i yn y stydi. Mae hi'n ddiwrnod braf, heulog ac mae Cadno yn chwarae yn yr ardd gyda'r bêl.

---

simdde – *chimney*

gwna i (ofyn) – *I will (ask)*

Gwasanaeth Diolchgarwch – *Thanksgiving Service (Harvest Festival)*

syml – *simple*

allweddell – *keyboard (allwedd – a key)*

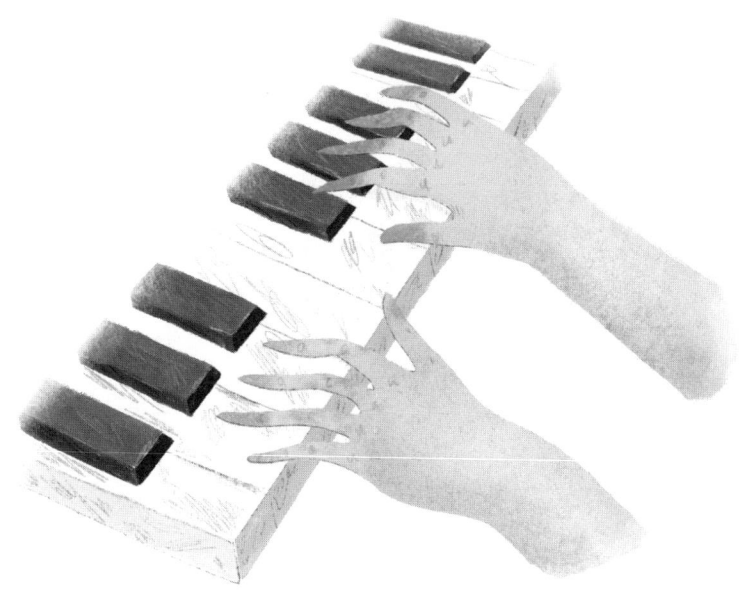

Dw i'n dechrau dysgu'r gân. Dw i'n canu'n **dawel**, "Mae'n amser cysgu i'r **llwynog** – cysgu, cysgu, cysgu."

Dw i'n clywed llais plentyn yn canu. "Cysgu, cysgu." Dydy'r plentyn ddim yn nabod y gân. Dydy'r plentyn ddim yn canu'r gân yn dda iawn. Ond llais plentyn ydy e. Ond wrth gwrs does dim plentyn yn y tŷ.

Yn sydyn dw i'n teimlo'n oer. Pwy ydy'r plentyn? Pam mae hi – neu fe – yn y tŷ? Beth mae'r plentyn eisiau? Dw i'n mynd allan i'r ardd i weld Cadno. Mae e'n cysgu yn yr haul. Dw i'n trio anghofio am y llais bach yn canu.

* * *

yn dawel – *quietly (tawel – quiet)*

llwynog – *a fox*

Dw i'n cysgu'n sownd pan dw i'n clywed sŵn yn y nos. Unwaith eto, sŵn traed yn cerdded i fyny'r grisiau. Y tro yma mae'r traed yn stopio wrth fy nrws i. Dw i'n clywed sŵn y drws yn agor. Mae Cadno yn cysgu. Mae e'n chwyrnu. Fel arfer mae e'n deffro pan mae e'n ofnus. Dydy e ddim yn deffro. Dw i ddim yn agor fy llygaid i. Dw i ddim yn symud. Dw i'n aros yn y gwely heb symud, ac o'r diwedd dw i'n mynd yn ôl i gysgu.

Yn y bore, mae'r drws **yn agored**.

Mae pêl Cadno wrth y gwely.

* * *

yn agored – *(is) open*

Rhyw wythnos wedyn dw i'n eistedd yn y gegin yn gwrando ar y radio ac yn darllen. Dw i ddim yn siŵr os ydw i'n clywed y llais yn canu eto gyda'r radio. Efallai.

Dw i'n clywed cnocio ar y drws. Mae Gwen yno. Mae hi'n gwenu.

"Dw i wedi dod o hyd i gofrestri'r plwyf. Dw i'n gwybod am Elwyn Williams a theulu Elwyn."

"Dere i mewn. Dere i gael paned."

'Dyn ni'n eistedd i lawr a dw i'n gwneud coffi i ni.

"Mmmm ... paned braf," mae Gwen yn dweud.

"Wel, beth ydy hanes Elwyn?"

"Roedd Elwyn yn byw yma gyda Ceinwen. Roedd pump o blant gyda nhw – Carwyn, Aled, Brynmor, Gethin a Marged."

"Mae hynny'n llawer o blant i un tŷ eitha bach."

"Roedden nhw'n cysgu **pen wrth draed** yn yr hen ddyddiau. Roedd dau blentyn mewn un gwely.

"Mae hanes trist i'r teulu. Un ferch oedd ganddyn nhw – Marged. Un dydd roedd Marged yn dringo yn y goeden afalau. **Syrthiodd hi**, a **marw**. Roedd hi'n chwech oed."

Chwech oed. Dyna oed y plant yn fy nosbarth i. Trist iawn. Dw i'n dechrau meddwl.

"Gwen ... wyt ti'n credu mewn **ysbrydion**?"

"Pam? Wyt ti wedi gweld – neu glywed – rhywbeth? Mae pethau rhyfedd iawn yn digwydd yn Llandonwyr."

(cysgu) pen wrth draed – *(to sleep) top to tail (lit. head by feet)*

syrthiodd hi – *she fell*

marw – *to die*

ysbrydion – *ghosts, spirits* (**ysbryd** – *ghost, spirit*)

Dw i'n dweud popeth wrth Gwen. Mae hi'n gwrando.

"Os oes ysbryd, pwy wyt ti'n meddwl ydy'r ysbryd?" mae hi'n gofyn.

"Mae'n **swnio** fel merch fach. Marged efallai?"

"Mae unrhyw beth yn bosib. Weithiau mae rhywbeth yn cadw ysbryd mewn tŷ."

"Beth wyt ti'n feddwl?"

"Weithiau, pan mae ysbryd yn gadael y byd yma – **yn enwedig** os ydy'r person yn marw yn sydyn – mae'r ysbryd yn aros achos mae e – neu hi – eisiau rhywbeth."

"Fel beth?"

"Os ydy'r ysbryd yn blentyn, weithiau mae'n aros achos mae tegan neu rywbeth pwysig yn y tŷ o hyd."

"Roedd hen deganau wedi torri yn yr ardd. Maen nhw yn y sied. Dw i ddim wedi gweld dim byd arall."

"Mae'n syniad da rhoi'r hen deganau allan, a chadw dy lygaid di yn agored."

"Iawn."

"Wyt ti'n iawn yn y tŷ? Wyt ti'n ofnus?"

"Wrth gwrs dw i'n ofnus, ond mae Cadno yma yn gwmni i mi. Dydy e ddim yn ofnus pan mae pethau rhyfedd yn digwydd. Mae'n od iawn, ond dw i ddim yn gallu bod yn ofnus iawn o blentyn, achos dw i'n dysgu plant bob dydd. **Erbyn hyn**, dw i'n teimlo'n drist am y plentyn."

---

swnio – *to sound*

yn enwedig – *especially*

erbyn hyn – *by now*

"Os wyt ti eisiau help, **gofynna i mi**."

* * *

Dw i'n dechrau dod â llyfrau plant o'r ysgol i'r tŷ, un bob nos. Dw i'n gadael llyfr yn y gegin, ac yn y bore mae'r llyfr yn agored.

gofynna i mi – *ask me (singular)*

5

Dau gi bach yn mynd i'r coed
esgid newydd ar bob troed;
dau gi bach yn dŵad adre
wedi colli un o'u 'sgidiau.

O'r diwedd mae Rhys Simdde yn dod i'r tŷ.

Cyn i Rhys ddechrau ar y gwaith dw i'n gwneud coffi. Mae e'n dod i mewn i'r gegin ac yn edrych ar y bwrdd lle mae fy ngwaith i.

"Pwy ydy'r artist?" mae e'n gofyn.

Mae rhywun wedi gwneud llun tŷ yn fy llyfr nodiadau i. Llun o dŷ ydy e, gyda phlac uwchben y drws yn dweud EW.

"O…" dw i'n ateb. "Plentyn yn yr ysgol." Does dim pwynt i mi drio esbonio.

Ar ôl yfed y coffi mae Rhys yn dechrau ar y gwaith. Mae e'n lân iawn. Mae e'n rhoi carped ar y llawr ac yn cario peiriant mawr at y lle tân.

Mae angen llawer o waith yma. Mae'r simdde yn **frwnt** iawn. Mae llawer o **ludw** yn y simdde, a hen **nyth** aderyn.

"Hei! Beth ydy hwn?"

Mae **pecyn** yn disgyn i'r llawr. Mae rhywbeth yn y pecyn. Mae'n edrych yn hen iawn.

"Wyt ti eisiau i mi agor y pecyn?" mae e'n gofyn.

"Ydw."

Mae e'n agor y pecyn yn ofalus. Yn y pecyn mae esgid. Esgid fach. Esgid plentyn. Hen, hen esgid plentyn.

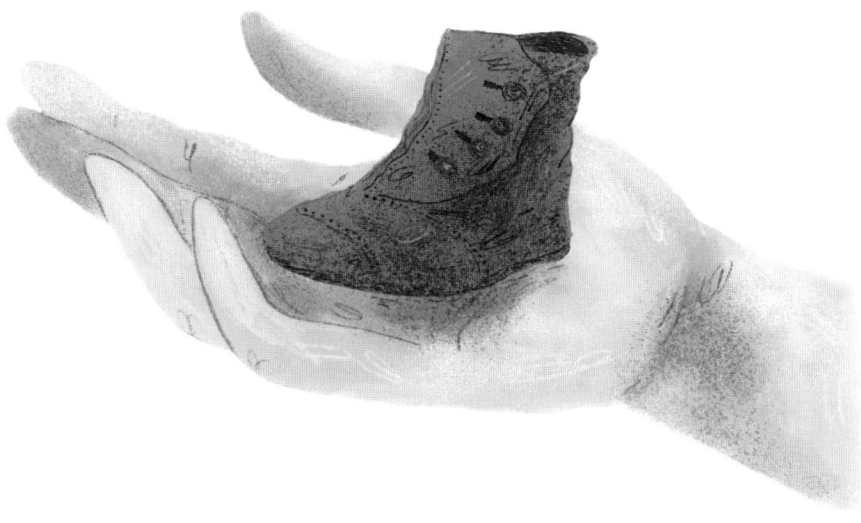

brwnt – *dirty*

lludw – *ash*

nyth – *a nest*

pecyn – *a package*

Mae e'n rhoi'r esgid i mi. Dw i'n edrych ar yr esgid. Mae'r esgid ochrau uchel yn fach ac yn ddu. Mae hi'n ffitio yn fy llaw i. Dydy'r **lledr** ddim wedi cracio. Dw i'n gallu **gwynto'r cwyr** ar yr esgid. Cwyr i gadw'r dŵr allan.

Tu mewn i'r esgid mae rhywun wedi ysgrifennu MW. Marged Williams.

"Sut ... ?" dydy'r geiriau ddim eisiau dod allan o fy ngheg i.

"Dw i'n gweld pethau fel hyn weithiau," mae Rhys yn ateb. "Roedd pobl **ers talwm** yn rhoi esgidiau plant yn y simdde am lwc."

Dw i ddim yn gallu siarad. Mae'n anodd meddwl am hyn. Dw i'n **dal** hanes yn fy llaw i. Mae esgid Marged yma. Mae'n edrych yn eitha newydd. Oedd hi wedi marw ar ôl cael esgidiau newydd, efallai?

"Beth wyt ti eisiau i mi ei wneud gyda'r esgid?"

"Pardwn?"

"Mae rhai pobl eisiau rhoi'r esgid yn ôl yn y simdde i gadw lwc yn y tŷ. Mae rhai pobl eisiau cadw'r esgid wrth y lle tân i ddangos i bobl."

"Dw i eisiau cadw'r esgid allan ar hyn o bryd."

Mae Rhys yn pacio popeth ac yn paratoi i fynd. Dw i'n talu'r bil **ar-lein**. Dw i eisiau mynd i weld Gwen.

* * *

lledr	– *leather*
gwynto'r cwyr	– *to smell the wax*
ers talwm	– *a long time ago*
dal	– *to hold (also, to catch)*
ar-lein	– *online*

"Roedd esgid Marged yn y simdde."

"Dwyt ti ddim wedi cario'r esgid yma, gobeithio?"

"Nac ydw. Mae hi wrth y lle tân. Dw i ddim eisiau mynd ag esgid Marged o'r tŷ. Dw i ddim yn siŵr beth i'w wneud."

"Siŵr o fod roedd tad Marged wedi rhoi'r esgid yn y simdde i gadw **rhan ohoni hi** yn y tŷ. Ond mae Marged wedi aros yn y tŷ. Dydy hi ddim wedi gadael. Dydy hi ddim wedi mynd gyda ei theulu hi."

"Mae hynny'n drist ofnadwy."

"Ydy. Mae'n bosib ... dw i'n meddwl ... efallai ... mae Marged eisiau'r esgid yn ôl. Os ydy hi'n cael yr esgid, efallai bydd hi'n barod i adael y byd yma."

"Ond sut?"

"Hmm ... roedd hi wedi marw yn syrthio o'r goeden afalau. Efallai **dyna'r lle gorau** i roi'r esgid."

* * *

Dydy hi ddim yn cymryd llawer o amser. Dw i'n prynu blodau o'r siop. 'Dyn ni'n rhoi'r esgid mewn bocs bach. 'Dyn ni'n **palu twll** dan y goeden afalau gyda'r rhaw. 'Dyn ni'n rhoi'r bocs yn y twll ac yn cau'r twll. Dw i'n rhoi blodau ar y lle. Dw i'n dechrau canu'r gân mae Marged yn ei hoffi: "Mae'n amser cysgu i'r llwynog – cysgu, cysgu ... cysgu."

---

rhan ohoni hi – *a piece of her*

dyna'r lle gorau – *that's the best place*

palu twll – *to dig a hole*

Dw i'n crio ac mae Gwen yn crio. Gobeithio ar ôl **yr holl flynyddoedd** mae Marged yn gallu mynd yn ôl at ei theulu hi.

* * *

Dw i'n cysgu gyda Cadno ar y gwely. Dydy e ddim yn symud. Does dim sŵn yn y nos.

Pan dw i'n deffro dw i'n edrych allan o'r ffenest. 'Dyn ni wedi cael eira cynnar iawn. Mae popeth yn wyn ac yn hardd.

Dw i'n edrych allan at yr ardd. Dw i'n gweld merch fach gyda gwallt du hir yn dawnsio ac yn dawnsio dan y goeden. Mae hi'n edrych i fyny at y ffenest. Mae hi'n gwenu.

Pan dw i'n mynd allan i'r ardd does dim **olion traed** yn yr eira.

Mae Marged wedi mynd.

---

yr holl flynyddoedd – *all these years*

olion traed – *footprints*

GEIRFA

adeiladwr – *builder*
allweddell – *keyboard*
  (**allwedd** – *a key*)
ansicr – *unsure*
ar flaen – *at/on the front of*
ar-lein – *online*

bachau – *hooks*
blinedig – *tiring* (also, *tired*)
breuddwydio – *to dream*
brwnt – *dirty*
bwthyn – *cottage*

cartrefol – *homely*
cofrestri'r plwyf –
  the parish records
Cristnogaeth – *Christianity*
cylch cerrig – *stone circle*
cymeriad – *character*

chwyrnu – *to snore*

dal – *to hold* (also, *to catch*)
dawnswyr – *dancers*
dere draw –
  come over (singular)
diwedd – *end;*
  ar ddiwedd Awst –
  at the end of August
dod o hyd i – *to find*
dodrefn – *furniture*
dolen – *handle*
dros y lle i gyd –
  all over the place
dyna'r lle gorau –
  that's the best place

erbyn hyn – *by now*
ers talwm – *a long time ago*
esbonio – *to explain*

fforddio – *to afford*
ffurfio – *to form*

gofynna i mi – *ask me (singular)*
grisiau – *stairs*
Gwasanaeth Diolchgarwch –
　Thanksgiving Service (Harvest Festival)
gwelw – *pale*
gwifrau – *wires*
gwna i (ofyn) – *I will (ask)*
gwres canolog – *central heating*
gwydraid – *a glassful*
gwyllt – *wild*
gwynto'r cwyr –
　to smell the wax

hardd – *beautiful*
hen, hen, hen dad-cu –
　great, great, great grandfather
hwnna – *that*

lan llofft – *upstairs*

lle tân – *fireplace*
lledr – *leather*
lleol – *local*
lludw – *ash*
llwynog – *a fox*

Manceinion – *Manchester*
marcio – *to mark*
marw – *to die*

nerfus – *nervous*
newid y pibau dŵr –
　to change the water pipes
nyth – *a nest*

ofnus – *frightened*
olion traed – *footprints*
o'r diwedd – *at last*

palu twll – *to dig a hole*
pecyn – *a package*
pen wrth draed –
　top to tail (lit. *head by feet*)
plethi – *plaits*
plymwr – *plumber*
pwy sy' wedi? – *who has?*
pwynt – *point*

rhan ohoni hi – *a piece of her*
rhaw – *shovel, spade*
rhoi anwes – *to pet, to stroke*
rholio – *to roll*

simdde – *chimney*
swˆn – *noise*
swnio – *to sound*
sylwi – *to notice*
syml – *simple*
syrthiodd hi – *she fell*

tennyn – *lead*
trafferth – *trouble*
trawstiau – *beams*
trydanwr – *electrician*
tu mewn – *inside*

unrhyw bryd – *any time*
uwchben – *above*

wedi blino'n lân – *extremely tired*

yn agored – *(is) open*
yn dawel – *quietly*
(**tawel** – *quiet*)
yn enwedig – *especially*
yn sydyn – *quickly, suddenly*
yr Efail – *the Smithy*
yr holl flynyddoedd – *all these years*
ysbrydion – *ghosts, spirits*
(**ysbryd** – *ghost, spirit*)
Ysgol Fabanod – *Infant School*

Hefyd yn y gyfres ...

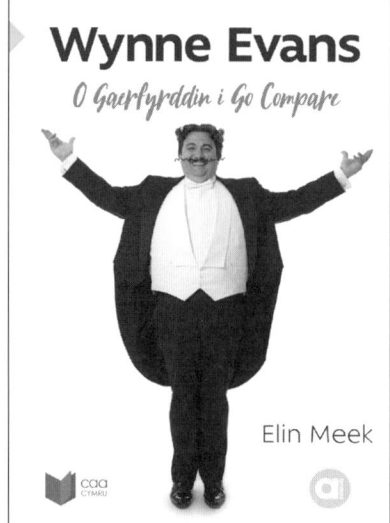